Pôty Sabin Augustin TEVI

PAS A PAS AVEC DIEU

Pôty Sabin Augustin TEVI

PAS A PAS AVEC DIEU

Un Planner de Croissance sur 30 Jours

Éditions Croix du Salut

Imprint
Any brand names and product names mentioned in this book are subject to trademark, brand or patent protection and are trademarks or registered trademarks of their respective holders. The use of brand names, product names, common names, trade names, product descriptions etc. even without a particular marking in this work is in no way to be construed to mean that such names may be regarded as unrestricted in respect of trademark and brand protection legislation and could thus be used by anyone.

Cover image: www.ingimage.com

Publisher:
Éditions Croix du Salut
is a trademark of
Dodo Books Indian Ocean Ltd. and OmniScriptum S.R.L publishing group

120 High Road, East Finchley, London, N2 9ED, United Kingdom
Str. Armeneasca 28/1, office 1, Chisinau MD-2012, Republic of Moldova, Europe
Printed at: see last page
ISBN: 978-620-6-16764-8

PAS A PAS AVEC DIEU : Un Planner de Croissance Spirituelle sur 30 Jours

Cher(e) (e) lecteur,

Bienvenue dans le planner du Sentier Étroit ! Nous sommes ravis de t'accompagner dans ton cheminement spirituel et de t'offrir un outil précieux pour renforcer ta foi au quotidien. Ce planner est conçu pour t'aider à te connecter plus profondément avec Dieu, à approfondir ta relation avec Lui et à vivre une vie inspirée par Sa présence.

"Que ta parole est douce à mon palais, plus que le miel à ma bouche !"

(Psaume 119:103)

Dans notre monde trépidant, il est facile de laisser nos préoccupations, nos responsabilités et nos distractions prendre le dessus sur notre vie spirituelle. C'est pourquoi il est essentiel de consacrer du temps et de l'énergie à nourrir notre foi. Ce planner te guidera à travers 30 jours de réflexion, de méditation, de prière et d'apprentissage, t'aidant ainsi à grandir dans ta relation avec Dieu.

"Confie-toi en l'Éternel de tout ton cœur, et ne t'appuie pas sur ta propre intelligence."

(Proverbes 3:5)

Chaque jour, tu trouveras un verset biblique inspirant, un objectif pour la journée et un commentaire pour t'encourager et t'inspirer. De plus, notre quiz d'évaluation des 30 jours te permettra de réfléchir à ton parcours, aux changements vécus et aux bénédictions reçues.

Nous croyons fermement que lorsque nous consacrons du temps à Dieu, Il transforme nos vies, nous guide dans les moments difficiles et nous comble de Sa grâce infinie. Alors, permets à ce planner de devenir ton compagnon fidèle, t'aidant à marcher sur le sentier étroit de la foi avec confiance et persévérance.

"Éternel, tu es mon Dieu ; je t'exalterai, je célébrerai ton nom, car tu as accompli des merveilles. Tes desseins conçus à l'avance sont fidèles et certains."

(Esaïe 25:1)

Prends donc ce temps précieux pour te recentrer, te ressourcer et laisser la parole de Dieu illuminer ta vie. Que chaque page de ce planner soit une invitation à la réflexion, à la prière et à l'action, te rapprochant ainsi un peu plus de la personne que Dieu veut que tu deviennes.

Nous t'encourageons à t'engager pleinement dans ce parcours, à y mettre ton cœur et ton âme, et à laisser Dieu agir en toi de manière extraordinaire. Que chaque journée soit une occasion de croissance spirituelle, de découverte de soi et de connexion profonde avec le divin.

Prêt(e) à commencer cette aventure ? Laisse ton cœur s'ouvrir à la grâce de Dieu et prépare-toi à être transformé(e) par Sa présence aimante et bienveillante.

Que cette introduction soit le point de départ de ton voyage sur le Sentier Étroit. Bonne route ! (Matthieu 7:13-14)

Avec amour et conviction,
Pasteur Augustin TEVI

Jour 1:

- **Verset du jour :** "Confie-toi en l'Éternel de tout ton cœur, et ne t'appuie pas sur ta propre intelligence" (Proverbes 3:5)

- **Objectif du jour :** Apprendre à placer sa confiance en Dieu et à ne pas se fier uniquement à sa propre compréhension.

- **Commentaire :** Ce verset nous rappelle l'importance de confier notre vie et nos décisions à Dieu. Parfois, nous pouvons être tentés de nous appuyer sur notre propre intelligence et de négliger la sagesse divine. Aujourd'hui, prenons le temps de remettre nos préoccupations, nos plans et nos choix entre les mains de Dieu. Sachons que Sa sagesse est infiniment supérieure à la nôtre, et qu'en Lui faisant confiance, nous trouverons la direction et la paix dont nous avons besoin.

Quiz du jour:

1. Quel est le verset du jour ?

Réponse : ....

2. Quel est l'objectif du jour ?

Réponse : ....

3. Pourquoi est-il important de placer sa confiance en Dieu plutôt que de s'appuyer sur sa propre intelligence ?

Réponse : ....

Bilan : Prenez un moment pour évaluer votre journée. Avez-vous réussi à confier vos préoccupations et vos décisions à Dieu aujourd'hui ? Comment cela a-t-il influencé votre état d'esprit et vos actions ?

Mot d'encouragement : Souvenez-vous que vous n'êtes pas seul dans vos chemins et vos décisions. En plaçant votre confiance en Dieu, vous vous ouvrez à Sa sagesse et à Sa direction. Laissez-Le guider vos pas et vous connaîtrez une paix profonde et une assurance dans chaque situation. Continuez à placer votre confiance en Lui, car Il est fidèle et vous accompagne à chaque instant.

Jour 2:

- **Verset du jour :** "Le Seigneur est ma lumière et mon salut, de qui aurais-je peur ?" (Psaume 27:1)

- **Objectif du jour :** Trouver un moment de calme pour méditer et prier.

- **Commentaire :** La Bible nous enseigne dans ce verset que le Seigneur est notre lumière et notre salut. Nous n'avons aucune raison d'avoir peur, car Il est là pour nous guider et nous protéger. Aujourd'hui, prenons le temps de nous retirer dans un endroit calme, de fermer les yeux et de nous connecter avec Dieu. Laissons Ses paroles nous apporter paix et assurance, et prions-Lui en toute confiance. Nous trouverons la force et la sérénité dont nous avons besoin pour faire face à cette journée.

Quiz du jour :

1. Quel est le verset du jour ?

Réponse : ....

2. Quel est l'objectif du jour ?

Réponse : ....

3. Pourquoi est-il important de trouver un moment de calme pour méditer et prier ?

Réponse : ....

Bilan : Prenez quelques instants pour évaluer votre journée. Avez-vous réussi à trouver ce moment de calme pour méditer et prier ? Comment cela vous a-t-il influencé dans vos activités et vos interactions avec les autres ?

Mot d'encouragement : N'oubliez pas que vous pouvez compter sur la présence et la guidance du Seigneur dans chaque instant de votre vie. Lorsque vous prenez le temps de vous connecter avec Lui, Il vous apporte la clarté, la force et la paix dont vous avez besoin. Continuez à chercher Sa présence et vous découvrirez une transformation profonde dans votre vie.

Jour 3:

- **Verset du jour :** "Confie-toi en l'Éternel de tout ton cœur, et ne t'appuie pas sur ta propre intelligence." (Proverbes 3:5)

- **Objectif du jour :** Laisser aller le contrôle et remettre toutes ses préoccupations à Dieu.

- **Commentaire :** Le verset d'aujourd'hui nous rappelle l'importance de mettre notre confiance en Dieu de tout notre cœur et de ne pas nous appuyer uniquement sur notre propre intelligence. Parfois, nous sommes tentés de tout contrôler et de nous inquiéter de chaque détail, mais Dieu nous invite à lui remettre nos soucis et à lui faire confiance. Aujourd'hui, pratiquons l'abandon et la confiance en Lui. Laissons aller le besoin de tout comprendre et de tout contrôler, sachant que Dieu est fidèle et qu'Il prend soin de nous.

Quiz du jour :

1. Quel est le verset du jour ?

Réponse : ....

2. Quel est l'objectif du jour ?

Réponse : ....

3. Pourquoi est-il important de confier nos préoccupations à Dieu et de ne pas s'appuyer uniquement sur notre intelligence ?

Réponse : ....

Bilan : Prenez quelques instants pour réfléchir à votre journée. Avez-vous réussi à laisser aller le contrôle et à remettre vos préoccupations à Dieu ? Comment cela a-t-il influencé votre paix intérieure et votre relation avec Dieu ?

Mot d'encouragement : Continuez à faire confiance à Dieu et à lui remettre toutes vos préoccupations. Lorsque nous nous appuyons sur Lui, Il nous guide et nous donne la sagesse dont nous avons besoin. Lâchez prise et vivez dans la paix qui vient de savoir que Dieu est en contrôle.

Jour 4:

Verset du jour : "Ne vous conformez pas au monde actuel, mais soyez transformés par le renouvellement de l'intelligence afin de discerner quelle est la volonté de Dieu, ce qui est bon, agréable et parfait." (Romains 12:2)

Objectif du jour : Renouveler son intelligence en se nourrissant de la Parole de Dieu.

Commentaire : Dans un monde qui cherche à nous influencer et à nous conformer à ses valeurs, la Bible nous encourage à nous distinguer et à renouveler notre intelligence selon les principes divins. Aujourd'hui, prenons le temps de nous immerger dans la Parole de Dieu, de méditer sur ses enseignements et de laisser son message transformer notre manière de penser. En nous alignant sur la volonté de Dieu, nous découvrons ce qui est bon, agréable et parfait.

Quiz du jour :

1. Quel est le verset du jour ?

Réponse : ....

2. Quel est l'objectif du jour ?

Réponse : ....

3. Pourquoi est-il important de renouveler notre intelligence en nous nourrissant de la Parole de Dieu ?

Réponse : ....

Bilan : Prenez quelques instants pour évaluer votre journée. Avez-vous réussi à vous immerger dans la Parole de Dieu et à laisser son message renouveler votre manière de penser ? Comment cela a-t-il influencé vos pensées, vos actions et vos décisions.

Mot d'encouragement : Que ces paroles soient un encouragement pour toi aujourd'hui. Peu importe les pressions, les tentations ou les influences qui t'entourent, rappelle-toi que tu as été appelé(e) à une vie transformée. Tu es destiné(e) à refléter la nature de Dieu, à marcher dans Sa volonté et à vivre une vie qui Lui est agréable et parfaite. Lorsque nous nous plongeons dans la Parole de Dieu, lorsque nous nous laissons guider par l'Esprit Saint, notre intelligence est renouvelée. Nous commençons à discerner la volonté de Dieu avec clarté, à distinguer le bien du mal, et à vivre selon Ses principes éternels.

Jour 5:

Verset du jour : "Recherchez premièrement le royaume et la justice de Dieu, et tout cela vous sera donné par-dessus." (Matthieu 6:33)

Objectif du jour : Mettre Dieu au premier plan et lui accorder la priorité dans chaque domaine de sa vie.

Commentaire : Dans notre société souvent axée sur la réussite personnelle et les préoccupations matérielles, Jésus nous rappelle l'importance de rechercher avant tout le royaume de Dieu et sa justice. Mettre Dieu au premier plan signifie lui accorder la priorité dans nos pensées, nos décisions, nos relations et nos actions. Aujourd'hui, prenons le temps de nous poser la question : est-ce que je recherche vraiment Dieu avant tout ? Et si ce n'est pas le cas, engageons-nous à réaligner nos priorités et à lui donner la première place dans notre vie.

Quiz du jour:

1. Quel est le verset du jour ?

Réponse : ....

2. Quel est l'objectif du jour ?

Réponse : ....

3. Pourquoi est-il important de rechercher d'abord le royaume de Dieu et sa justice ?

Réponse : ....

Bilan : Prenez quelques instants pour réfléchir à votre journée. Avez-vous réussi à mettre Dieu au premier plan et à lui accorder la priorité dans chaque domaine de votre vie ? Comment cela a-t-il influencé vos choix, vos actions et votre relation avec Dieu ?

Mot d'encouragement : Continuez à placer Dieu au premier plan de votre vie. Lorsque nous recherchons d'abord le royaume de Dieu et sa justice, Il prend soin de tous nos besoins. N'ayez pas peur de faire des choix en accord avec sa volonté, car Il vous guidera et vous bénira abondamment. Poursuivez avec diligence cette quête et vous verrez les merveilles que Dieu accomplira dans votre vie.

Jour 6:

Verset du jour : "Sois fort et courageux, ne crains point et ne t'effraie point, car l'Éternel, ton Dieu, est avec toi dans tout ce que tu entreprendras." (Josué 1:9)

Objectif du jour : Faire preuve de courage et de confiance en Dieu face aux défis et aux situations difficiles.

Commentaire : Dans les moments où nous sommes confrontés à des défis et des obstacles, il est essentiel de se rappeler que Dieu est avec nous. Il nous encourage à être forts et courageux, à ne pas craindre et à ne pas s'effrayer, car Il est notre Dieu et Il nous accompagne dans tout ce que nous entreprenons. Aujourd'hui, quelle que soit la difficulté à laquelle vous êtes confronté, rappelez-vous que vous n'êtes pas seul. Placez votre confiance en Dieu, puisez votre force en Lui et avancez avec courage.

Quiz du jour :

1. Quel est le verset du jour ?

Réponse : ....

2. Quel est l'objectif du jour ?

Réponse : ....

3. Pourquoi est-il important de faire preuve de courage et de confiance en Dieu face aux défis ?

Réponse : ....

Bilan : Prenez quelques instants pour évaluer votre journée. Avez-vous réussi à faire preuve de courage et de confiance en Dieu face aux défis et aux situations difficiles ? Comment cela a-t-il influencé votre attitude, vos actions et votre relation avec Dieu ? Réfléchissez à la manière dont vous pouvez continuer à développer ces qualités et à vous appuyer sur la présence de Dieu dans chaque situation de votre vie.

Mot d'encouragement : Soyez fort et courageux, car Dieu est avec vous. Lorsque vous placez votre confiance en Lui, Il vous donne la force nécessaire pour faire face aux défis et aux obstacles. Ne laissez pas la peur vous paralyser, mais avancez avec assurance, sachant que Dieu est votre protecteur et votre guide. Rappelons-nous que nous ne sommes pas seuls dans nos épreuves, mais que Dieu est à nos côtés, nous donnant la victoire.

Jour 7:

Verset du jour : "Tu es mon rocher et ma forteresse ; à cause de ton nom, tu me conduiras et me dirigeras." (Psaume 31:4) Objectif du jour : Fonder sa confiance en Dieu en tant que rocher et forteresse. Commentaire : Ce verset nous rappelle que Dieu est notre rocher et notre forteresse, un refuge solide et sûr. Son nom est puissant et il nous guide et nous dirige dans notre vie. Aujourd'hui, prenons le temps de méditer sur la bonté de Dieu et de placer notre confiance en Lui. Quels que soient les défis ou les incertitudes auxquels nous sommes confrontés, nous pouvons nous appuyer sur Dieu et trouver en Lui une source de force et de sécurité.

Quiz du jour :

1. Quel est le verset du jour ?

Réponse : ....

2. Quel est l'objectif du jour ?

Réponse : ....

3. Pourquoi est-il important de fonder sa confiance en Dieu en tant que rocher et forteresse ?

Réponse : ....

Bilan : Prenez quelques instants pour évaluer votre journée. Avez-vous réussi à fonder votre confiance en Dieu en tant que rocher et forteresse ? Comment cela a-t-il influencé votre attitude, votre paix intérieure et votre relation avec Dieu ? Réfléchissez à la manière dont vous pouvez continuer à renforcer votre confiance en Lui et à trouver en Lui votre sécurité.

Mot d'encouragement : Rappelez-vous que Dieu est votre rocher et votre forteresse. Il est digne de confiance et vous guide dans chaque aspect de votre vie. Fondez votre confiance en Lui, sachant qu'Il vous conduira et vous dirigera sur le bon chemin. Lorsque vous placez votre vie entre ses mains, vous trouvez la sécurité et la paix. Continuez à vous appuyer sur Lui et à vous laisser guider par sa sagesse et son amour inébranlable.

Jour 8:

Verset du jour : "L'Éternel est bon, il est un refuge au jour de la détresse ; il connaît ceux qui se confient en lui." (Nahum 1:7)

Objectif du jour : Se réfugier en Dieu et lui faire confiance dans les moments de détresse.

Commentaire : Ce verset nous rappelle la bonté de Dieu et sa disponibilité en tant que refuge lorsque nous traversons des moments difficiles. Dans les temps de détresse, il est important de se tourner vers Dieu, de placer notre confiance en lui et de se réfugier en sa présence. Il nous connaît et prend soin de ceux qui se confient en lui. Aujourd'hui, lorsque vous vous trouvez face à des difficultés, rappelez-vous que Dieu est là pour vous accueillir, vous soutenir et vous apporter la paix.

Quiz du jour :

1. Quel est le verset du jour ?

Réponse : ....

2. Quel est l'objectif du jour ?

Réponse : ....

3. Pourquoi est-il important de se réfugier en Dieu et de lui faire confiance dans les moments de détresse ?

Réponse : ....

Bilan : Prenez quelques instants pour évaluer votre journée. Avez-vous réussi à vous réfugier en Dieu et à lui faire confiance dans les moments de détresse ? Comment cela a-t-il influencé votre perspective, votre paix intérieure et votre relation avec Dieu ? Réfléchissez à la manière dont vous pouvez continuer à renforcer votre confiance en Dieu et à rechercher son refuge dans tous les aspects de votre vie.

Mot d'encouragement : Dans les moments difficiles, souvenez-vous que Dieu est votre refuge et qu'il est bon. Il connaît vos besoins et prend soin de vous lorsque vous vous confiez en lui. N'ayez pas peur de vous tourner vers lui et de lui faire confiance, car il est fidèle et vous apportera la paix et le réconfort dont vous avez besoin. Laissez sa présence vous envelopper et vous guider dans chaque situation. Continuez à vous réfugier en lui, sachant qu'il est toujours là pour vous.

Jour 12:

Verset du jour : "Tout ce que vous faites, faites-le de bon cœur, comme pour le Seigneur et non pour des hommes." (Colossiens 3:23)

Objectif du jour : Accomplir chaque tâche avec diligence et dévouement, en y mettant tout votre cœur.

Commentaire : Le verset d'aujourd'hui nous rappelle l'importance de notre attitude dans tout ce que nous faisons. Que ce soit dans nos responsabilités quotidiennes, notre travail ou nos relations, nous sommes encouragés à agir avec un cœur plein d'intégrité et de dévouement. Lorsque nous réalisons nos tâches comme si nous les accomplissions pour le Seigneur, nous apportons honneur et gloire à Son nom. Aujourd'hui, prenons conscience de l'opportunité que nous avons de témoigner de notre foi à travers notre travail et notre engagement. Mettons tout notre cœur dans ce que nous faisons, sachant que notre récompense vient du Seigneur.

Quiz du jour :

1. Quel est le verset du jour ?

Réponse : ....

2. Quel est l'objectif du jour ?

Réponse : ....

3. Pourquoi est-il important d'accomplir chaque tâche avec diligence et dévouement, en y mettant tout notre cœur ?

Réponse : ....

Bilan : Prenez quelques instants pour évaluer votre journée. Avez-vous réussi à accomplir vos tâches avec diligence et dévouement ? Comment cela a-t-il influencé votre attitude et votre satisfaction personnelle ? Réfléchissez à la manière dont vous pouvez continuer à agir de bon cœur dans tout ce que vous entreprenez.

Mot d'encouragement : Lorsque nous agissons avec un cœur plein d'intégrité et de dévouement, nous témoignons de notre foi en action. Que ce soit dans les petites tâches du quotidien ou dans des projets plus importants, rappelez-vous que vous le faites pour le Seigneur. Quelle que soit la récompense ou la reconnaissance humaine, sachez que votre véritable récompense vient du Seigneur. Continuez à accomplir chaque tâche avec diligence et dévouement, sachant que votre travail a une valeur éternelle.

Jour 13:

Verset du jour : "Ne vous conformez pas au monde actuel, mais soyez transformés par le renouvellement de l'intelligence afin de discerner quelle est la volonté de Dieu, ce qui est bon, agréable et parfait." (Romains 12:2)

Objectif du jour : Chercher la volonté de Dieu dans toutes vos décisions et actions, en vous détachant des influences du monde.

Commentaire : Le verset d'aujourd'hui nous exhorte à ne pas nous conformer aux normes et aux valeurs du monde qui nous entoure, mais plutôt à être transformés par le renouvellement de notre pensée. Il est facile de se laisser influencer par les opinions et les attentes des autres, mais en tant que croyants, notre référence ultime doit être la volonté de Dieu. Prenez le temps aujourd'hui de rechercher Sa volonté dans toutes vos décisions, grandes ou petites. Éloignez-vous des influences négatives et concentrez-vous sur ce qui est bon, agréable et parfait aux yeux de Dieu. Vous serez guidé sur le chemin de la vérité et de la bénédiction.

Quiz du jour :

1. Quel est le verset du jour ?

Réponse : ....

2. Quel est l'objectif du jour ?

Réponse : ....

3. Pourquoi est-il important de chercher la volonté de Dieu dans nos décisions et actions ?

Réponse : ....

Bilan : Prenez quelques instants pour évaluer votre journée. Avez-vous cherché la volonté de Dieu dans vos décisions et actions ? Comment cela a-t-il influencé votre perspective et vos choix ? Réfléchissez à la manière dont vous pouvez continuer à vous détacher des influences du monde et à vous aligner sur la volonté de Dieu.

Mot d'encouragement : Chercher la volonté de Dieu dans toutes les sphères de votre vie est un chemin exigeant mais gratifiant. Lorsque vous vous détachez des influences du monde et vous alignez sur la volonté de Dieu, vous découvrez ce qui est bon, agréable et parfait à Ses yeux. Soyez courageux et persévérant dans votre quête de Sa volonté, sachant que Dieu vous guide et vous éclaire. Il vous donne la sagesse nécessaire pour prendre des décisions justes et vivre une vie qui Lui plaît. Confiez-Lui vos voies, et Il dirigera vos pas sur le chemin de Sa bénédiction.

Jour 14:

Verset du jour : "En toute chose, traite les autres comme tu aimerais être traité toi-même." (Matthieu 7:12)

Objectif du jour : Pratiquer la bienveillance et l'amour envers les autres, en suivant l'exemple de Jésus.

Commentaire : Le verset d'aujourd'hui nous rappelle l'importance de traiter les autres avec respect, compassion et amour. Jésus nous a montré l'exemple parfait de l'amour désintéressé en donnant Sa vie pour nous. Aujourd'hui, engagez-vous à être bienveillant envers les autres, à écouter attentivement, à encourager et à apporter du réconfort. Que vos paroles et vos actions reflètent l'amour de Christ, et que vous soyez une source de bénédiction pour ceux qui vous entourent.

Quiz :

1. Quel est le verset du jour ?

Réponse : ....

2. Quel est l'objectif du jour ?

Réponse : ....

3. Pourquoi est-il important de traiter les autres avec bienveillance et amour ?

Réponse : ....

Bilan : Prenez quelques instants pour évaluer votre journée. Avez-vous pratiqué la bienveillance et l'amour envers les autres ? Comment cela a-t-il influencé vos relations et votre impact sur les personnes autour de vous ? Réfléchissez à la manière dont vous pouvez continuer à manifester l'amour de Christ dans vos interactions quotidiennes.

Mot d'encouragement : La bienveillance et l'amour envers les autres sont des marques de l'authentique disciple de Jésus. En traitant les autres comme vous aimeriez être traité, vous témoignez de l'amour de Dieu qui agit à travers vous. Que votre exemple inspire les autres à rechercher le bien-être et le bonheur des autres. Lorsque vous mettez en pratique la bienveillance et l'amour, vous semez des graines de transformation et de guérison. Soyez un canal de grâce et de compassion dans le monde qui vous entoure.

Jour 15:

Verset du jour : "Soyez toujours joyeux, priez sans cesse, exprimez votre reconnaissance en toutes circonstances, car c'est la volonté de Dieu pour vous en Jésus-Christ." (1 Thessaloniciens 5:16-18)

Objectif du jour : Cultiver la joie, la prière constante et la reconnaissance envers Dieu.

Commentaire : Ce verset nous encourage à vivre dans la joie, à être constamment en communion avec Dieu par la prière et à exprimer notre reconnaissance envers Lui en toutes circonstances. La joie, la prière et la gratitude sont des attitudes qui nous rapprochent de Dieu et qui nourrissent notre relation avec Lui. Aujourd'hui, prenez le temps de trouver la joie dans les petites choses, de communiquer régulièrement avec Dieu par la prière et de reconnaître Ses bienfaits dans votre vie. Laissez ces attitudes vous guider et vous remplir d'une profonde paix et d'une gratitude sincère.

Quiz du jour :

1. Quel est le verset du jour ?

Réponse : ....

2. Quel est l'objectif du jour ?

Réponse : ....

3. Pourquoi est-il important de cultiver la joie, la prière constante et la reconnaissance envers Dieu ?

Réponse : ....

Bilan : Prenez quelques instants pour réfléchir à votre journée. Avez-vous cultivé la joie, la prière constante et la reconnaissance envers Dieu ? Comment cela a-t-il influencé votre attitude, votre relation avec Dieu et votre perception des circonstances ? Remerciez Dieu pour les bénédictions qu'Il vous accorde et pour Sa fidélité.

Mot d'encouragement : La joie, la prière constante et la reconnaissance sont des sources de force et d'espérance dans notre marche avec Dieu. En cultivant ces attitudes, vous vous ouvrez à la présence et à l'action de Dieu dans votre vie. Même dans les moments difficiles, trouvez des raisons de vous réjouir, de prier et d'exprimer votre reconnaissance envers Dieu. Sa grâce vous suffit et Sa puissance se manifeste dans votre faiblesse. Continuez à vous tourner vers Lui et à Lui faire confiance. Vous découvrirez Sa fidélité et Sa bonté d'une manière nouvelle et profonde.

Jour 16:

Verset du jour : "Car je connais les projets que j'ai formés sur vous, dit l'Éternel, projets de paix et non de malheur, afin de vous donner un avenir et de l'espérance." (Jérémie 29:11)

Objectif du jour : Placer votre confiance en Dieu et embrasser l'espérance qu'Il a pour vous.

Commentaire : Ce verset nous rappelle que Dieu a des projets de paix et d'espérance pour nous. Peu importe les circonstances présentes, nous pouvons placer notre confiance en Lui et avoir l'assurance qu'Il travaille en notre faveur. Aujourd'hui, prenez le temps de méditer sur les promesses de Dieu et de vous rappeler que votre avenir est entre Ses mains. Laissez l'espérance remplir votre cœur et inspirez-vous de la confiance en Dieu pour faire face aux défis de la journée.

Quiz du jour :

1. Quel est le verset du jour ?

Réponse : ....

2. Quel est l'objectif du jour ?

Réponse : ....

3. Pourquoi est-il important de placer notre confiance en Dieu et d'embrasser l'espérance qu'Il a pour nous ?

Réponse : ....

Bilan : Prenez quelques instants pour réfléchir à votre journée. Avez-vous réussi à placer votre confiance en Dieu et à embrasser l'espérance qu'Il a pour vous ? Comment cela a-t-il influencé votre attitude, votre paix intérieure et votre perspective de l'avenir ? Rendez grâce à Dieu pour Sa fidélité et pour les plans qu'Il a pour votre vie.

Mot d'encouragement : Lorsque nous plaçons notre confiance en Dieu, nous sommes remplis d'une paix et d'une espérance inébranlables. Même lorsque les circonstances semblent incertaines, rappelez-vous que Dieu a des projets de paix et d'espérance pour vous. Faites-Lui confiance et laissez-Le guider vos pas. Soyez encouragé(e) aujourd'hui, car votre avenir est entre les mains de Celui qui vous aime infiniment.

Jour 17:

Verset du jour : "Je t'exhorte donc, frères, par les compassions de Dieu, à offrir vos corps comme un sacrifice vivant, saint, agréable à Dieu, ce qui sera de votre part un culte raisonnable." (Romains 12:1)

Objectif du jour : Consacrer votre vie à Dieu et vivre en harmonie avec Sa volonté.

Commentaire : Le verset d'aujourd'hui nous rappelle l'appel à offrir nos corps comme un sacrifice vivant à Dieu. Cela signifie mettre notre vie entière entre Ses mains, consacrant nos pensées, nos paroles et nos actions pour Sa gloire. En vivant de cette manière, nous honorerons Dieu et Lui offrirons un culte raisonnable. Aujourd'hui, prenez le temps de réfléchir à la manière dont vous pouvez consacrer chaque aspect de votre vie à Dieu, et engagez-vous à vivre en harmonie avec Sa volonté.

Quiz du jour :

1. Quel est le verset du jour ?

Réponse : ....

2. Quel est l'objectif du jour ?

Réponse : ....

3. Pourquoi est-il important d'offrir nos corps comme un sacrifice vivant à Dieu ?

Réponse : ....

Bilan : Prenez quelques instants pour évaluer votre journée. Avez-vous réussi à consacrer votre vie à Dieu et à vivre en harmonie avec Sa volonté ? Comment cela a-t-il influencé vos choix, vos actions et vos relations avec les autres ? Exprimez votre gratitude envers Dieu pour Sa grâce et Son amour, et demandez-Lui de vous aider à continuer à vivre pour Sa gloire.

Mot d'encouragement : Consacrer notre vie à Dieu est un acte d'adoration et de dévotion. Lorsque nous offrons nos corps comme un sacrifice vivant, nous permettons à Dieu de travailler en nous et à travers nous. N'oubliez pas que vous êtes précieux pour Dieu et qu'Il a un plan merveilleux pour votre vie. Engagez-vous à vivre en harmonie avec Sa volonté et à Le glorifier dans tout ce que vous faites. Que votre vie soit un témoignage vibrant de Son amour et de Sa bonté.

Jour 18:

Verset du jour : "Tout ce que vous faites, faites-le de bon cœur, comme pour le Seigneur et non pour des hommes." (Colossiens 3:23)

Objectif du jour : Accomplir vos tâches quotidiennes avec zèle et dévouement.

Commentaire : Le verset d'aujourd'hui nous rappelle l'importance d'accomplir nos tâches quotidiennes avec un cœur sincère et dévoué. Que ce soit au travail, à l'école, à la maison ou dans nos relations, nous sommes appelés à donner le meilleur de nous-mêmes, non pas pour obtenir l'approbation des hommes, mais pour honorer le Seigneur. Aujourd'hui, prenez conscience de l'opportunité que vous avez de servir Dieu à travers vos actions quotidiennes. Quelles que soient les tâches qui vous attendent, faites-les avec zèle et détermination, sachant que vous les accomplissez pour le Seigneur.

Quiz du jour :

1. Quel est le verset du jour ?

Réponse : ....

2. Quel est l'objectif du jour ?

Réponse : ....

3. Pourquoi est-il important de faire nos tâches quotidiennes avec dévouement et sincérité ?

Réponse : ....

Bilan : Prenez quelques instants pour réfléchir à votre journée. Avez-vous accompli vos tâches quotidiennes avec dévouement et sincérité, en les considérant comme un service rendu au Seigneur ? Comment cela a-t-il influencé votre attitude, votre efficacité et votre impact sur les autres ? Exprimez votre reconnaissance envers Dieu pour les opportunités qu'Il vous donne de Le servir à travers vos actions quotidiennes.

Mot d'encouragement : Chaque tâche que nous accomplissons avec dévouement et sincérité devient un acte d'adoration envers Dieu. Même les plus petites actions peuvent être remplies de sens lorsque nous les faisons pour le Seigneur. Ne sous-estimez jamais l'importance de vos tâches quotidiennes, car elles sont autant d'occasions de glorifier Dieu et de faire une différence dans la vie des autres. Puisez dans Sa force et dans Son amour pour accomplir vos tâches avec excellence et pour Sa gloire.

Jour 19:

Verset du jour : "Recommande ton sort à l'Éternel, mets en Lui ta confiance, et Il agira." (Psaume 37:5)

Objectif du jour : Remettre toutes vos préoccupations et vos plans entre les mains de Dieu.

Commentaire : Le verset d'aujourd'hui nous encourage à remettre notre sort entre les mains de l'Éternel. Parfois, nous avons tendance à essayer de tout contrôler et de planifier chaque détail de notre vie. Cependant, Dieu nous appelle à mettre notre confiance en Lui et à Lui remettre nos soucis, nos rêves et nos projets. En Lui faisant confiance, nous trouvons la paix et l'assurance que Sa volonté est parfaite pour nous. Aujourd'hui, prenez le temps de remettre toutes vos préoccupations et vos plans entre les mains de Dieu. Confiez-Lui vos espoirs et vos inquiétudes, sachant qu'Il agira d'une manière qui dépasse votre compréhension.

Quiz du jour :

1. Quel est le verset du jour ?

Réponse : ....

2. Quel est l'objectif du jour ?

Réponse : ....

3. Pourquoi est-il important de remettre nos préoccupations et nos plans entre les mains de Dieu ?

Réponse : ....

Bilan : Prenez quelques instants pour évaluer votre journée. Avez-vous réussi à remettre vos préoccupations et vos plans entre les mains de Dieu ? Comment cela a-t-il influencé votre niveau de paix et votre confiance en Son plan pour votre vie ? Réfléchissez à la façon dont vous pouvez continuer à Lui faire confiance et à Lui remettre toutes choses, même lorsque les circonstances semblent incertaines.

Mot d'encouragement : En remettant vos préoccupations et vos plans entre les mains de Dieu, vous découvrez la liberté de vous abandonner à Sa volonté. Sa sagesse et Son amour infini vous guident dans chaque étape de votre vie. Ayez confiance en Sa fidélité et en Sa capacité à agir d'une manière qui dépasse vos attentes. Lorsque vous remettez tout entre Ses mains, vous vous libérez du fardeau de l'inquiétude et vous vous ouvrez à la merveilleuse réalité de Sa providence.

Jour 20:

Verset du jour : "Confie-toi en l'Éternel de tout ton cœur, et ne t'appuie pas sur ta propre intelligence." (Proverbes 3:5)

Objectif du jour : Mettre toute notre confiance en Dieu et éviter de compter uniquement sur notre propre compréhension.

Commentaire : Le verset du jour nous rappelle l'importance de mettre notre confiance en Dieu de tout notre cœur et de ne pas nous appuyer uniquement sur notre propre intelligence. Parfois, nous sommes tentés de tout comprendre et de tout contrôler par nos propres moyens, mais Dieu nous invite à Lui faire entièrement confiance. En nous abandonnant à Lui, nous nous ouvrons à Sa sagesse et à Sa direction dans notre vie. Aujourd'hui, prenons conscience de notre tendance à nous appuyer sur notre propre intelligence et choisissons de placer toute notre confiance en Dieu.

Quiz du jour:

1. Quel est le verset du jour ?

Réponse : ....

2. Quel est l'objectif du jour ?

Réponse : ....

3. Pourquoi est-il important de mettre notre confiance en Dieu et d'éviter de s'appuyer uniquement sur notre propre intelligence ?

Réponse : ....

Bilan : Prenez quelques instants pour réfléchir à votre journée. Avez-vous réussi à mettre toute votre confiance en Dieu et à éviter de compter uniquement sur votre propre intelligence ? Comment cela a-t-il influencé votre niveau de paix intérieure et votre relation avec Dieu ? Pensez à des situations où vous pouvez vous en remettre davantage à Dieu et Lui faire confiance dans tous les domaines de votre vie.

Mot d'encouragement : En mettant toute votre confiance en Dieu et en évitant de vous appuyer uniquement sur votre propre intelligence, vous ouvrez la voie à Sa sagesse et à Sa direction dans votre vie. Faites-Lui confiance pour vous guider sur le chemin de Sa volonté parfaite. Souvenez-vous que Sa puissance est illimitée et Sa sagesse dépasse toute compréhension humaine. Continuez à vous abandonner à Lui jour après jour, sachant qu'Il veille sur vous et vous guide avec amour.

Jour 21:

Verset du jour : "Soyez forts et prenez courage, vous tous qui avez votre espérance en l'Éternel!" (Psaume 31:24)

Objectif du jour : Renforcer notre confiance en Dieu et trouver notre courage en Lui.

Commentaire : Ce verset nous rappelle que nous pouvons être forts et courageux lorsque nous plaçons notre espérance en l'Éternel. Peu importe les défis ou les situations difficiles auxquels nous sommes confrontés, Dieu est notre source de force et d'encouragement. Aujourd'hui, prenons le temps de renforcer notre confiance en Lui, de nous appuyer sur Sa parole et de trouver notre courage en sachant qu'Il est avec nous.

Quiz du jour :

1. Quel est le verset du jour ?

Réponse : ....

2. Quel est l'objectif du jour ?

Réponse : ....

3. Où trouvons-nous notre force et notre courage ?

Réponse : ....

Bilan : Prenez quelques instants pour réfléchir à votre journée. Comment avez-vous renforcé votre confiance en Dieu et trouvé votre courage en Lui ? Quelles sont les situations où vous avez expérimenté Sa présence et Sa force ? Comment cela a-t-il influencé votre attitude et votre façon de faire face aux défis ?

Mot d'encouragement : Continuez à placer votre espérance en l'Éternel et à vous appuyer sur Sa force. Lorsque nous avons confiance en Dieu et que nous nous tournons vers Lui, Il nous donne le courage nécessaire pour affronter toutes les circonstances de la vie. N'oubliez pas que vous n'êtes pas seuls dans vos batailles, Dieu est avec vous, vous fortifie et vous guide. Soyez forts, prenez courage et laissez votre espérance en l'Éternel vous porter chaque jour.

Jour 22:

Verset du jour : "En tout temps, bénissez l'Éternel; que la louange de l'Éternel soit toujours dans ma bouche." (Psaume 34:2)

Objectif du jour : Cultiver une attitude de gratitude envers Dieu et exprimer continuellement des paroles de louange.

Commentaire : Ce verset nous encourage à bénir l'Éternel en tout temps et à avoir constamment des paroles de louange dans notre bouche. La gratitude envers Dieu transforme notre perspective et nous rappelle les nombreuses bénédictions qu'Il nous accorde. Aujourd'hui, prenons conscience de Sa bonté et exprimons notre reconnaissance à travers des paroles de louange et de gratitude.

Quiz :

1. Quel est le verset du jour ?

Réponse : ....

2. Quel est l'objectif du jour ?

Réponse : ....

3. Quelle attitude devons-nous cultiver envers Dieu ?

Réponse : ....

Bilan : Prenez quelques instants pour évaluer votre journée. Comment avez-vous cultivé une attitude de gratitude envers Dieu ? Avez-vous exprimé des paroles de louange et de reconnaissance ? Comment cela a-t-il influencé votre état d'esprit et votre relation avec Dieu ?

Mot d'encouragement : Continuez à bénir l'Éternel en tout temps et à cultiver une attitude de gratitude. Lorsque nous reconnaissons les bonnes choses que Dieu fait dans nos vies, nous expérimentons Sa présence d'une manière plus profonde. Que la louange de l'Éternel soit toujours dans votre bouche, et que cela vous remplit de joie et de paix. Soyez reconnaissants et exprimez votre gratitude à Dieu chaque jour.

Jour 23:

Verset du jour : "Que toutes vos œuvres soient faites avec amour." (1 Corinthiens 16:14)

Objectif du jour : Accomplir toutes nos tâches et nos actions avec amour.

Commentaire : Le verset du jour nous rappelle l'importance de faire toutes nos œuvres avec amour. Qu'il s'agisse de nos responsabilités quotidiennes, de nos interactions avec les autres ou de nos projets personnels, nous sommes appelés à agir avec amour. L'amour est le fondement de notre relation avec Dieu et des relations humaines. Lorsque nous accomplissons nos tâches avec amour, nous répandons la bonté, la bienveillance et la compassion autour de nous. Aujourd'hui, engageons-nous à faire preuve d'amour dans tout ce que nous entreprenons, en reconnaissant que l'amour est le reflet de notre relation avec Dieu et un moyen de témoigner de Sa présence dans notre vie.

Quiz du jour :

1. Quel est le verset du jour ?

   Réponse : ....

2. Quel est l'objectif du jour ?

   Réponse : ....

3. Pourquoi est-il important d'accomplir nos tâches avec amour ?

   Réponse : ....

Bilan : Prenez quelques instants pour évaluer votre journée. Avez-vous réussi à accomplir toutes vos tâches et vos actions avec amour ? Comment cela a-t-il influencé votre attitude, vos relations et la qualité de votre travail ? Réfléchissez aux occasions où vous pouvez manifester davantage d'amour dans vos activités quotidiennes.

Mot d'encouragement : En accomplissant toutes vos œuvres avec amour, vous reflétez la nature même de Dieu qui est amour. L'amour transforme nos actions et nos relations, apportant joie, paix et harmonie. Continuez à cultiver l'amour dans votre vie, en cherchant des moyens de témoigner de la grâce et de la bonté de Dieu à travers vos paroles et vos actes. Que votre amour soit un témoignage vivant de l'amour inconditionnel de Dieu pour tous.

Jour 24:

Verset du jour : "Ne vous inquiétez de rien ; mais en toute chose faites connaître vos besoins à Dieu par des prières et des supplications, avec des actions de grâce." (Philippiens 4:6)

Objectif du jour : Remettre nos soucis et nos préoccupations à Dieu et lui faire confiance.

Commentaire : Le verset d'aujourd'hui nous encourage à ne pas nous inquiéter, mais à confier nos besoins à Dieu par la prière, les supplications et les actions de grâce. Il est normal d'avoir des soucis et des préoccupations, mais nous ne devons pas les laisser nous accabler. Au lieu de cela, nous devons les remettre à Dieu, lui faire part de nos besoins et lui faire confiance pour pourvoir à tout ce dont nous avons besoin. En exprimant nos prières avec reconnaissance, nous reconnaissons la bonté et la fidélité de Dieu dans nos vies. Aujourd'hui, prenons le temps de nous tourner vers Dieu, de lui confier nos soucis et de lui exprimer notre gratitude pour sa présence et sa provision.

Quiz :

1. Quel est le verset du jour ?

Réponse : ....

2. Quel est l'objectif du jour ?

Réponse : ....

3. Comment devons-nous faire connaître nos besoins à Dieu ?

Réponse : ....

Bilan : Prenez quelques instants pour réfléchir à votre journée. Avez-vous réussi à remettre vos soucis et vos préoccupations à Dieu ? Comment cela a-t-il influencé votre paix intérieure et votre confiance en sa provision ? Réfléchissez aux moments où vous avez pu expérimenter la présence rassurante de Dieu dans vos soucis.

Mot d'encouragement : Ne laissez pas l'inquiétude et l'anxiété vous accabler. Dieu est là pour vous écouter, vous aider et vous pourvoir. Prenez le temps de lui faire connaître vos besoins, de lui exprimer votre gratitude et de lui faire confiance pour pourvoir à tout ce dont vous avez besoin. Dans les moments d'incertitude, rappelez-vous que Dieu est fidèle et qu'il prend soin de vous. Soyez assuré que vos soucis sont entre ses mains aimantes.

Jour 25:

Verset du jour : "Ne vous inquiétez de rien, mais en toute chose faites connaître vos besoins à Dieu par des prières et des supplications, avec des actions de grâce." (Philippiens 4:6)

Objectif du jour : Remettre nos soucis entre les mains de Dieu et pratiquer la gratitude.

Commentaire : Le verset d'aujourd'hui nous rappelle de ne pas nous inquiéter, mais plutôt de remettre nos besoins, nos soucis et nos préoccupations à Dieu par la prière. Dieu est notre pourvoyeur et Il est toujours attentif à nos besoins. En Lui faisant confiance, nous pouvons trouver la paix au milieu des situations difficiles. En plus de cela, pratiquons également la gratitude. Rendons grâce à Dieu pour Ses bienfaits et pour Sa présence dans nos vies. Même dans les moments difficiles, Il est là, nous soutenant et nous donnant la force nécessaire.

Quiz du jour :

1. Quel est le verset du jour ?

Réponse : ....

2. Quel est l'objectif du jour ?

Réponse : ....

3. Pourquoi est-il important de remettre nos soucis à Dieu et de pratiquer la gratitude ?

Réponse : ....

Bilan : Prenez quelques instants pour réfléchir à votre journée. Avez-vous remis vos soucis entre les mains de Dieu et pratiqué la gratitude ? Comment cela a-t-il affecté votre paix intérieure et votre relation avec Dieu ?

Mot d'encouragement : N'oubliez pas que vous n'êtes pas seuls dans vos préoccupations. Dieu est là, prêt à écouter vos prières et à vous apporter le réconfort dont vous avez besoin. Lorsque vous confiez vos soucis à Dieu, vous pouvez vivre dans la confiance et la paix, sachant qu'Il s'occupe de tout. Et en pratiquant la gratitude, vous reconnaissez les nombreuses bénédictions que Dieu vous accorde. Ayez foi en Sa fidélité et soyez reconnaissants pour Sa présence dans votre vie.

Jour 26:

Verset du jour : "Cherchez premièrement le royaume et la justice de Dieu ; et toutes ces choses vous seront données par-dessus." (Matthieu 6:33)

Objectif du jour : Prioriser la recherche du royaume de Dieu et de Sa justice.

Commentaire : Le verset d'aujourd'hui nous rappelle l'importance de mettre Dieu en premier dans nos vies. Parfois, nous sommes tentés de nous focaliser sur nos besoins matériels et nos préoccupations terrestres, mais Dieu nous encourage à chercher d'abord Son royaume et Sa justice. Lorsque nous mettons Dieu au centre de notre vie, Il pourvoit à nos besoins et nous guide sur le chemin de la justice. Aujourd'hui, prenons le temps de réfléchir à nos priorités et de nous aligner sur les valeurs du royaume de Dieu. Cherchons Sa volonté et Sa justice dans toutes nos actions et prises de décisions.

Quiz du jour:

1. Quel est le verset du jour ?

Réponse : ....

2. Quel est l'objectif du jour ?

Réponse : ....

3. Pourquoi est-il important de prioriser la recherche du royaume de Dieu et de Sa justice ?

Réponse : ....

Bilan : Prenez quelques instants pour évaluer votre journée. Avez-vous réussi à mettre Dieu en premier et à chercher Sa justice ? Comment cela a-t-il influencé vos décisions et vos actions ? Quelles bénédictions avez-vous constatées en vous focalisant sur le royaume de Dieu ?

Mot d'encouragement : Continuez à chercher Dieu de tout votre cœur et à prioriser Sa volonté dans votre vie. Lorsque vous alignez vos priorités sur le royaume de Dieu, vous découvrez Sa sagesse et Sa guidance. Il pourvoit à vos besoins et vous conduit sur le chemin de la justice. N'oubliez pas que lorsque vous cherchez Dieu en premier, Il prend soin de tous les autres aspects de votre vie. Soyez encouragés dans votre démarche et restez fidèles à Sa volonté.

Jour 27:

Verset du jour : "L'Eternel est mon berger : je ne manquerai de rien." (Psaume 23:1)

Objectif du jour : Reconnaître la provision et la protection de Dieu dans notre vie.

Commentaire : Ce verset célèbre du Psaume 23 nous rappelle que le Seigneur est notre berger, notre guide et notre pourvoyeur. En tant que ses brebis, nous sommes entre de bonnes mains et nous ne manquerons de rien. Aujourd'hui, prenons le temps de reconnaître et de remercier Dieu pour toutes les bénédictions et les provisions qu'Il nous accorde. Que ce soit nos besoins matériels, émotionnels ou spirituels, Dieu pourvoit à tout. Mettons notre confiance en Lui et laissons-nous guider par Sa sagesse et Son amour.

Quiz du jour :

1. Quel est le verset du jour ?

Réponse : ....

2. Quel est l'objectif du jour ?

Réponse : ....

3. Pourquoi est-il important de reconnaître la provision et la protection de Dieu dans notre vie ?

Réponse : ....

Bilan : Prenez quelques instants pour réfléchir à votre journée. Comment avez-vous reconnu la provision et la protection de Dieu dans votre vie ? Quelles bénédictions avez-vous constatées ? Comment cela a-t-il influencé votre attitude et votre confiance en Dieu ?

Mot d'encouragement : Continuez à placer votre confiance en Dieu, votre bon Berger. Il veille sur vous, vous guide et pourvoit à tous vos besoins. Reconnaissez Ses bénédictions et Sa protection dans votre vie, et soyez reconnaissants. Lorsque vous êtes conscient de Sa présence constante, vous pouvez traverser chaque jour avec assurance et paix. N'oubliez pas que vous ne manquerez de rien avec Dieu à vos côtés.

Jour 28:

Verset du jour : "Confessez donc vos péchés les uns aux autres, et priez les uns pour les autres, afin que vous soyez guéris. La prière fervente du juste a une grande efficace." (Jacques 5:16)

Objectif du jour : Pratiquer la confession et la prière intercessoire pour la guérison et la restauration.

Commentaire : Le verset d'aujourd'hui nous rappelle l'importance de confesser nos péchés les uns aux autres et de prier les uns pour les autres. La confession nous permet de reconnaître nos fautes devant Dieu et nos frères et sœurs, tandis que la prière intercessoire nous invite à prier avec ferveur pour la guérison et la restauration de ceux qui en ont besoin. Aujourd'hui, prenons un temps pour confesser nos péchés, prier pour les autres et expérimenter la puissance de la prière fervente.

Quiz du jour :

1. Quel est le verset du jour ?

Réponse : ....

2. Quel est l'objectif du jour ?

Réponse : ....

3. Quelle est l'importance de la confession et de la prière d'intercession ?

Réponse : ....

Bilan : Prenez quelques instants pour réfléchir à votre journée. Avez-vous pratiqué la confession et la prière d'intercession aujourd'hui ? Comment cela vous a-t-il influencé et comment avez-vous pu être une source de guérison pour les autres ?

Mot d'encouragement : Continuez à pratiquer la confession et la prière d'intercession. Lorsque nous sommes honnêtes avec Dieu et avec nos frères et sœurs, et que nous intercédons pour les besoins des autres, nous participons à leur guérison et à leur restauration. Que votre prière soit fervente et confiante, sachant que Dieu écoute et agit en réponse à nos supplications. Soyez encouragé dans votre cheminement de confiance et d'intercession.

Jour 29:

Verset du jour : "Ne vous inquiétez de rien, mais en toute chose faites connaître vos besoins à Dieu par des prières et des supplications, avec des actions de grâce." (Philippiens 4:6) Objectif du jour : Remettre nos préoccupations à Dieu et Lui faire confiance.

Commentaire : Ce verset nous rappelle l'importance de ne pas nous inquiéter, mais plutôt de confier nos besoins et nos préoccupations à Dieu. Au lieu de laisser l'anxiété prendre le dessus, nous sommes invités à prier, supplier et remercier Dieu pour Sa guidance et Sa provision. Aujourd'hui, prenons le temps de remettre toutes nos inquiétudes entre les mains de Dieu, sachant qu'Il est attentif à nos besoins et qu'Il agit en notre faveur.

Quiz du jour :

1. Quel est le verset du jour ?

Réponse : ....

2. Quel est l'objectif du jour ?

Réponse : ....

3. Pourquoi est-il important de remettre nos préoccupations à Dieu et de Lui faire confiance ?

Réponse : ....

Bilan : Prenez quelques instants pour réfléchir à votre journée. Comment avez-vous réussi à remettre vos préoccupations à Dieu ? Quels défis avez-vous surmontés grâce à votre confiance en Lui ? Comment cela a-t-il influencé votre paix intérieure et votre relation avec Dieu ?

Mot d'encouragement : Continuez à placer votre confiance en Dieu et à Lui remettre toutes vos inquiétudes. Lorsque nous nous tournons vers Lui dans la prière, avec gratitude et confiance, nous sommes libérés du fardeau de l'inquiétude. Soyez assuré que Dieu écoute vos prières et qu'Il agit en votre faveur. Ne laissez pas l'anxiété vous dominer, mais placez votre confiance en Celui qui est capable de pourvoir à tous vos besoins.

Jour 30:

Verset du jour : "Soyez toujours joyeux, priez sans cesse, exprimez votre reconnaissance en toute circonstance, car c'est la volonté de Dieu pour vous en Jésus-Christ." (1 Thessaloniciens 5:16-18)

Objectif du jour : Cultiver la joie, la prière constante et la reconnaissance envers Dieu.

Commentaire : Ce verset nous encourage à adopter une attitude de joie constante, à prier sans cesse et à exprimer notre reconnaissance en toute circonstance. La volonté de Dieu pour nous est de vivre dans la joie, de rester en communion avec Lui à travers la prière et d'être reconnaissants pour Ses bienfaits. Aujourd'hui, prenons conscience de notre attitude intérieure et engageons-nous à cultiver la joie, la prière constante et la reconnaissance envers Dieu.

Quiz du jour :

1. Quel est le verset du jour ?

Réponse : ....

2. Quel est l'objectif du jour ?

Réponse : ....

3. Pourquoi est-il important de cultiver la joie, la prière constante et la reconnaissance envers Dieu ?

Réponse : ....

Bilan : Prenez quelques instants pour évaluer votre journée. Comment avez-vous cultivé la joie, la prière constante et la reconnaissance envers Dieu ? Quelles sont les bénédictions que vous avez remarquées dans votre vie aujourd'hui ? Comment cela a-t-il influencé votre attitude et votre relation avec Dieu ?

Mot d'encouragement : Continuez à rechercher la joie, à rester en communion avec Dieu par la prière et à exprimer votre reconnaissance envers Lui. La vie peut apporter des défis et des circonstances difficiles, mais lorsque nous choisissons de rester dans la joie, de prier constamment et de remercier Dieu, nous sommes remplis de Sa paix et de Sa présence. Ne sous-estimez jamais le pouvoir de la joie, de la prière et de la gratitude dans votre marche avec Dieu.

1. Quels ont été les moments les plus significatifs de votre cheminement spirituel au cours de ces 30 jours ?

Réponse : ....

2. Quels enseignements bibliques vous ont particulièrement marqué et pourquoi ?

Réponse : ....

3. Comment votre relation avec Dieu a-t-elle évolué au cours de ces 30 jours ?

Réponse : ....

4. Quels défis avez-vous rencontrés pendant ce cheminement spirituel et comment les avez-vous surmontés ?

Réponse : ....

5. Quels changements concrets avez-vous observés dans votre vie quotidienne grâce à cette expérience ?

Réponse : ....

6. Quelles disciplines spirituelles avez-vous pratiquées régulièrement et comment ont-elles influencé votre marche avec Dieu ?

Réponse : ....

7. Avez-vous partagé votre expérience avec d'autres personnes et comment cela a-t-il impacté votre cheminement spirituel ?

Réponse : ....

8. Quelles sont vos aspirations spirituelles pour l'avenir après ces 30 jours de cheminement ?

Réponse : ....

9. Quelles leçons avez-vous apprises sur vous-même au cours de ce cheminement spirituel ?

Réponse : ....

10. Comment envisagez-vous de maintenir votre cheminement spirituel après ces 30 jours ?

Réponse : ....

Cher lecteur,

Après avoir complété le quiz d'évaluation, nous voulons t'encourager à continuer sur le chemin de la croissance spirituelle et de la transformation. Pour t'aider dans cette démarche, nous te proposons une prière spéciale de déclarations au nom de Jésus sur toi-même.

Prends un moment pour te recueillir, et fait déclare les paroles suivantes sur ta vie afin de faire demeurer en toi la grâce de transformation que tu as reçue pendant ces 30 jours :

"Au nom de Jésus, je déclare que je suis un enfant de Dieu, racheté par Son précieux sang. Je suis aimé(e), pardonné(e) et accepté(e) en Jésus-Christ. Je suis une nouvelle création, les choses anciennes sont passées, toutes choses sont devenues nouvelles dans ma vie.

Je déclare que je suis rempli(e) du Saint-Esprit, qui me guide, me fortifie et me donne la sagesse nécessaire pour marcher sur le sentier étroit. Je suis plus que vainqueur en Christ, et je peux tout accomplir par Sa grâce qui agit en moi.

Au nom de Jésus, je renonce à toute peur, à toute pensée négative et à toute limitation qui voudraient m'empêcher de vivre pleinement selon la volonté de Dieu. Je choisis de marcher dans la foi, d'obéir à Sa Parole et de manifester Son amour dans ma vie.

Je déclare que je suis un(e) instrument de la gloire de Dieu, appelé(e) à faire une différence dans ce monde. Je suis équipé(e) de dons et de talents uniques, que je mets au service de Dieu et de mon prochain. Je suis une lumière qui brille dans les ténèbres, témoignant de la puissance transformante de l'Évangile.

Au nom de Jésus, je déclare que je suis rempli(e) de gratitude, de joie et de paix. Je choisis de garder mon focus sur Christ, de méditer sur Sa Parole jour et nuit, et de marcher dans la sanctification et la sainteté.

Je rends grâce à Dieu pour tout ce qu'Il a accompli dans ma vie pendant ces 30 jours, et je Lui fais confiance pour continuer Son œuvre en moi. Au nom de Jésus, je m'engage à persévérer sur le sentier étroit, à grandir dans la foi et à être un témoin vivant de Sa grâce.

Merci, Seigneur, pour ta présence constante et ta direction dans ma vie. Au nom précieux de Jésus, j'ai prié, amen."

Que ces déclarations au nom de Jésus soient un moyen pour toi de garder en toi la grâce de transformation que tu as reçue. Que Dieu continue de te bénir et de t'accompagner dans ton cheminement spirituel.

L'équipe du Sentier Étroit

Mot d'encouragement :

"Nourris ta foi chaque jour, car c'est dans cette nourriture spirituelle que tu trouveras la force, la paix et la guidance dont tu as besoin. Que chaque verset, chaque prière et chaque moment de connexion avec Dieu soit une source d'inspiration pour toi. Rappelle-toi que ta relation avec le divin est unique et précieuse. Que ta foi grandisse enracinée dans l'amour, la confiance et l'espérance. Que tu puisses vivre chaque jour avec la certitude que Dieu est avec toi, te guidant sur ton chemin et te soutenant dans toutes les situations. Continue de chercher Sa présence et de te laisser transformer par Sa grâce. Que ta foi rayonne et inspire ceux qui t'entourent. Tu es béni(e) et aimé(e) de Dieu, maintenant et toujours."

"Cher(e) ami(e) de foi,

Ton cheminement spirituel est unique et précieux, et nous aimerions t'entendre partager ton témoignage. Si tu as vécu des expériences inspirantes, des moments de transformation ou des bénédictions dans ta vie grâce à ton parcours sur le sentier étroit, nous t'encourageons vivement à les partager avec nous. Ton témoignage peut apporter encouragement et espoir à d'autres personnes qui traversent des défis similaires.

De plus, nous souhaitons t'inviter à envisager de soutenir notre travail sur le sentier étroit. Chaque don, quel que soit son montant, contribue à la création de nouvelles ressources et à l'expansion de notre mission pour aider et inspirer davantage de personnes dans leur marche de foi.

Enfin, nous tenons à souligner que nous sommes une communauté unie dans la prière. Si tu partages ton témoignage avec nous, sache que nous serons heureux de prier pour toi et tes besoins spécifiques. Nous croyons au pouvoir de la prière et à la puissance de l'unité dans la foi.

Pour partager ton témoignage, faire un don ou nous faire part de tes demandes de prière, n'hésite pas à nous contacter à l'adresse suivante : [adresse de contact]. Nous sommes impatients de te lire, de prier pour toi et de t'accompagner dans ta marche de foi.

Que ton témoignage, ta générosité et tes prières puissent être une source d'inspiration et de bénédiction pour ceux qui cheminent sur le sentier étroit.

Avec gratitude et amour fraternel,

L'équipe du Sentier Étroit"

Printed by Books on Demand GmbH, Norderstedt / Germany